Anonymous

Urkunden über die Klosteraufhebung zu Intersdorf in Baiern

Anonymous

Urkunden über die Klosteraufhebung zu Intersdorf in Baiern

ISBN/EAN: 9783744705950

Hergestellt in Europa, USA, Kanada, Australien, Japan

Cover: Foto ©ninafisch / pixelio.de

Weitere Bücher finden Sie auf **www.hansebooks.com**

Urkunden.

über die

Klosteraufhebung

zu

Intersdorf

in

Bayern,

✦━━━━━━✦

veranlaßt
vom Frauenstifte in München.

Andern zum Exempel.

Herausgegeben von einem Pfälzer

München,
mit Römischen Drucke.
1783. & 1784.

Erster Vorbericht
an den Leſer im Auslande.

Intersdorf iſt ein reiches Kloſter in
Bayern, drey Meilen von München;
vom Wittelsbachiſchen Stammehauſe ge=
ſtiftet, und von regulierten Chorherrn
659. Jahre lang bewohnt. Chorherrn,
nicht Mönche und Patres ſind ſie gewe=
ſen; 25. an der Zahl. Sie hatten die
drey Mönchsgelübde auf ſich; lebten unter
einem Prälaten, dem ſie den Gehörſam
geſchworen, in einer Kommunität, ohne
Beſchlieſſerinnen, unter der Regel des H.
Auguſtinus. Kurz: Mann kann ihnen
nichts böſes nachſagen. Sie zehlten ſeit
dem Jahre 1127. zwey und vierzig Prä=
laten, einen Seligen, den Bruder Ma=
rold, und einen Gelehrten, den Pater
Michel ſeligen.

A 2   Zwey=

Zweyter Vorbericht.

Das Frauenstifte in München schreibt sich nicht von Frauen her, sondern von unser lieben Fraue; ist auch ein Chorherrenstift. Die Chorherren aber sind simple Chorherren, nicht reguliert, auch keine Tempelherrn; sie leben ohne Regel, ohne Gehorsam, und nur in Armuth, wenn sie Schulden machen wollen, und nicht können. Ihr einziges Gelübde ist die stete Keuschheit. Sie tragen keinen Uniform, als im Chore; lebt jeder für sich sammt einer Beschliesserinn, und mehr andern Hausdienstbothen. Die meisten sind bey nebens Churfürstliche Hofkapläne, und Räthe. Diesen unregulierten Chorherrn ist das regulierte Chorherrenstift als eine Zulage aufgeopfert worden. Wenn ihnen noch etliche reiche Prälaturen einverleibt werden, kann es möglich werden, daß sie Dommherren werden, wenn ihr Probst Bischof wird.

Erste Urkund.

Ein Päbstliches Breve, welches den 25. May im Jahre 1783. von S Päbstlichen Heiligkeit Seiner Churlichen Durchlaucht bey Dero Ankunft in Rom überreicht wurde. Hier ist die Abschrift verdeutscht:

Pi.

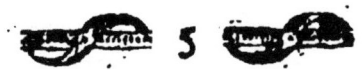

— — Pius VI. P. M. Zu einem ewi=
gen Andenken. Obwohl wir allemal un=
fer Augenmerk zuerst dahin richten, daß
wir die H. Ordensstände als die Zierde
der göttlichen Kirche aufrecht erhalten,
können wir dennoch nicht umhin, Klö=
ster, die verschuldet, oder ausgeartet sind,
aufzuheben, und zu unterdrücken. Wahr=
lich es ist uns von Seite unsers liebsten
Sohnes, Karl Theodors Pfalzgrafen, des
H. R. R. Churfürsten und Herzogen in
Bayern, die Vorstellung gemacht wor=
den; daß das Kloster, oder die Probstey
zu Intersdorf in Bayern dergestalten mit
Passivkapitalien überschuldet sey; daß die
Schulden das Vermögen übersteigen. (Ut
Annui Nummorum fænoris, aliorumque
onerum, quibus addictum est, satisfactio
major sit censu.) Weßwegen der Prälat,
indem er alle Mühe der besagten Prälatur
wieder aufzuhelfen als vergeblich angesehen,
dem Churfürsten Karl Theodor eine Sup=
plick überreicht, die mißliche Lage seines
Klosters beschrieben, die freywillige Resig=
nation seiner Prälatur zur Schadloshal=
tung der Glaubiger anerbothen, und den
Rath ertheilet hat, man wolle das Klo=
ster sammt allen Einkünften auf andere Mild=
thätigkeiten verwenden. Indem nun der
besagte Herzog Karl Theodor laut der uns
gemachten Vorstellung den Antrag macht,

A 3   zur

zur Ehre Gottes, und zur standmäßigen
Unterhaltung der Geistlichkeit, die Churfürstliche Hofkapelle in München mit dem
Chorstift unser lieben Fraue in München
zu vereinigen, und zu inkorporieren, bey-
nebens aber in Erwegung zu ziehen ist,
daß sowohl die Kanonikater, als auch die
Hofkaplaneyen mager, und von sehr ge-
ringen Ertrag sind, also wäre kein besserer
Weg die Intersdorfer Klosterschulden zu
tilgen, und zugleich die Einkünfte der Hofkapläne zu vermehren, als wenn das Kloster unterdruckt, und alle Klostergüter mit
dem erwähnten Frauenstift vereinigt würden. Das sey denn nun das herzlichste
Verlangen. Summopere desiderat; aus
welcher Ursache wir demüthiglich erbethen
worden sind, das Ding also anzugehen.
In præmissis opportune providere. Wir
wollen derohalben die andächtigen Wünsche
dieses Karl Theodors, so viel wir mit
dem Herrn Macht haben, erfüllen, wir
wollen ihn mit besondern Günsten, und
Gnaden überhäufen, wir wollen ihn auch
zuerst, (aber nur in Ruckficht auf das ge-
genwärtige Geschäft) von allen Erkommu-
nikations, Interdikts, und andern geistlichen Censuren, und Strafen absolvieren,
und ledig sprechen; wir wollen uns auf
feine Supplik, die uns in seinem Namen
demüthig ist überreicht worden gefällig er-
zeig

zeigen; und aus eigenem Antriebe — Motu
proprio, aus unverlogener Nachricht, ex
certa scientia, nach reifer Ueberlegung und
aus apostolischer Amtsvollmacht unterdru-
cken wir in Kraft dieß, und vertilgen auf
ewig das bemeldte Kloster, oder die Prop-
stey der regulierten Chorherren zu Intersdorf in Bayern und es soll ewig unterdruckt,
und vertilgt seyn, und bleiben. Das Kloster aber mit sammt der Klosterkirche, und
mit sammt allen Gütern, liegenden, und
fahrenden, mit sammt den Mayerhöfen,
Häusern, und Weilern, mit sammt allen
Rechten, und Gerechtigkeiten, Ansprüchen,
und Zugehörungen, es sey vor kurz oder
lang dazu verschaft oder sonst eingebracht
worden, das alles vereinigen, inkorporieren, und legen wir bey dem Kapiteltisch der
Kollegiatkirche der H. Mariä in München;
doch mit dem Bedingnisse, daß das Kapitel, oder die Kapitulartafelpfleger alle Kloster onera, die auf desselben Gütern haf-
ten, e. g. der Messen zu tragen; und auch
allen regulierten Chorherrn eine jährliche
Pension, welche die untenbenannten Exe-
kutores nach Standesgebühr zu bestimmen
haben, zureichen, nicht minder auch die
Klosterschulden nach und nach zu tilgen.
  In dieser Absicht ernennen wir zu Exeku-
torn, und Kommissariern zu unsern Kommissariern unsern ehrwürdigen Bruder den

Bischof zu Kirmsee Ferdinand Christoph, und den dermaligen Prälaten zu Scheuern. Wir verlassen uns auf ihre Geschicklichkeit, Klugheit, Treue, und Gottesfurcht; machen ihnen den Auftrag, und befehlen hiemit, daß sie die Klosterunterdruckung und Probsteyvertilgung ankünden, die Klostergüter aber mit der Kapitaltafel der Kollegiatä zu München jedoch nicht anders als unter den ausgemachten, und bestimmten Bedingnissen auf immer, und ewig einverleiben. Noch oben drauf soll es bey ihnen stehen, den unterdrückten Chorherrn eine jährliche Pension, die sie für standmäßig halten, auszuwerfen, und das besagte Kapitel in München müsse sie ihnen Jahre für Jahre verreichen.— Bis hieher die Worte des Pabstes; ich will diese Römische Urkunde nicht bis ans Ende kopiern; die vielfältigen langen kurialischen Klauseln sind gar hart zu verdeutschen: nur muß ich noch melden, daß der Pabst diese seine Vergünstigung als Null, und durchaus kraftlos angesehen wissen will; so ferne nicht alle Bedingnisse nach seiner Vorschrift erfüllt, und mit gutem Erfolge gekrönt seyn werden; die Unterschrift ist folgende:

Gegeben zu Rom bey Sankt Peter mit dem Fischerringe. Am 24. Tage Majens 1783. Im 9. Jahre unsers Pabstthums.

(L. S.)

Pro Domino Cardinali de Comitibus DB. Maris - Cottus Substitutus.

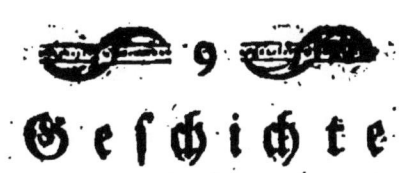

Geschichte

dieser Römischen Urkunde.

Wie es vor dem 24. May 1783. zu Rom, oder zu München mochte zugegangen seyn, und auf welche Weise der Pabst seine Certa Scientia in dieser Sache bekommen habe, davon will ich schweigen. Genug: man hat den Pabst Pius VI. nicht als Infallibel angesehen, indem man vorgeschrieben hat, das Stift Untersdorf sey gandtmäßig, und der Prälat habe um dessen Aufhebung gebethen. Das päbstliche Breve kam noch vor der Ankunft des Churfürsten nach München an die geheimen R. R. inzwischen gieng ein Gesag im Lande um, das dem Prälaten von Untersdorf Unruhe machte. Er reißte den 14. Junii nach München. Doch die geheimen R. R. sprachen: Kein Gedanken! Herr Prälat! kein Gedanken von einer Unterdruckung. Reisen sie ohne Sorge wieder heim. Mittlerweile kam Herr Baron von Rufini zu Herrn von K. um sich zu erkundigen, ob es ihm erlaubt seyn möchte, für seine Familie gegen Abtrettung eines Mayerhofs zu Untersdorf einen Jahrtag zu stiften? Und da verschnappte sich Herr von K. sagend: was gedenken sie? Untersdorf wird nächstens aufgehebt: die Bulla ist schon da. Der

A 5   Herr

Herr Prälat kam sogleich wieder: man las
ihm die Bulla vor; und sagte staunend:
wer hätte es vor acht Tagen geglaubt,
Herr Prälat? Wer sollte es glauben?
So sagten sie, die es wußten. Nichts fiel
dem Prälaten schwerer, als daß es im
päbstlichen Breve hieße: er selbst habe die
Aufhebung verlangt. Dennoch sprengte
man diese Rede im ganzen Lande aus; selbst
die Chorherren zu Intersdorf bekennen in
ihrer Gegenvorstellung an den Churfürsten,
daß man es sage, und sie müssen es hören.
Die Chorherrn beschreiben aufrichtig ihr
ganzes Vermögen; der Leser halte sie gegen
die 133000. fl. Schulden, um darüber zu
urtheilen, ob man den Pabst zu Rom, und
den Churfürsten zu München certa scientia
in der Sache unterrichtet habe? Hie sind
4. Abschriften, darinne der Vermögenstand
des unterdruckten Stiftes sehr genau ver-
zeichnet ist.

Zweyte Urkund.
Durchlauchtigster Churfürst,
Gnädigster Herr Herr!

Die regulierten Chorherrn zu Kloster Intersdorf wagen es, Euer Churfürstl.
Durchl. unterthänigste Vorstellungen zu
machen. Sie hören mit äusserster Bestür-
zung, das Kloster Intersdorf solle aufgehoben

hoben werden durch eine päbstliche Bulla,
und daß zur Ursache der Aufhebung ange-
geben werde, weil die regulierte Chorherrn
sich nicht länger halten, und ihr Kloster
von dem gänzlichen Verfall wegen schweren
Schuldenlaste nicht schützen könne.

Diese vorgegebene Ursache fällt uns um
so schmerzlicher, weil wir keinen Heller Interesse ausständig, auch niemals von einem
Gläubiger wegen nicht geleisteter Bezahlung
angeklagt worden sind; vielmehr können
wir uns rühmen, daß wir aller Orten in
besten Kredit gestanden bis auf den trau-
rigen Zeitpunkt, in welchen sich der Ruf
verbreitet hat, das Kloster Intersdorf solle aufgehoben werden.

Wir hören zwar, daß unser Probst be-
reits Anno 1782. im Jenner Euer Churfürstl.
Durchl. die traurige Lage des ihm gnädigst
anvertrauten Stift, und Klosters unter-
thänigst vorgestellet, und wegen schweren
Schuldenlast, wegen auserordentlichen
grossen Ausgaben beym Bräuhausbau,
wegen vielen Unglück, besonders wegen
Reif und Miswachs, wegen angefochtenen
und dortmals völlig abgesprochenen Recht
einer freyen Schenk, und besonders wegen
neu repartirten sehr beträchtlichen Beytrag
zum Schulfond sich erbothen habe, seine
Prälatur zu resigniren, und einem andern
zu überlassen, der mehr Eifer und Fähig-
keit,

Zeit, oder auch mehr Glück hätte, der
Sache eine beſſere Wendung zu geben.

Uns regulirten Chorherrn iſt von dieſer
Schrift, und von der inſinuirten Reſigna-
tion unſers Probſten nicht das mindeſte
kommunicirt worden, ſonſt hätten wir
nicht unterlaſſen, unterthänigſte Gegenvor-
ſtellungen zu machen, und handgreiflich zu
beweiſen, daß es mit Kloſter Intersdorf
noch ganz und gar nicht dahin gekommen,
daß man an deſſelben Aufkommen verzwei-
feln dörfte.

Unſer Probſt war damals noch nicht volle
zwey Jahr bey der Prälatur, als er ob-
bemeldt unterthänigſte Vorſtellung überreicht hat. Es iſt alſo eben nicht zu ver-
wundern, daß er in einer ſo kurzen Zeit
nicht im Stande war, dem Kloſter aufzuhelfen, beſonders, wenn man erweget,
welche harte und unglückliche Jahre er gehabt:
die Wahl- und Benediktions Unköſten ka-
men ihm gegen 2000. fl. im baaren Geld
zu ſtehen; zur Erbauung des neuen Bräu-
hauſes mußte er eine Auslage von mehr als
15000 fl. an baaren Geld machen: zur nö-
thigen Reparations anderer Gebäuden, zur
Erkaufung der Pferde, und Einrichtung der
Oekonomie hatte er vieles anzuwenden: der
Anno 1781. gefallene Reif, welcher den
Roggen gänzlich verdorben, verurſachte
ihm einen Schaden von mehr als 7000. fl.

Re-

Nebendeme mußte er den Unterthanen mehr
als 1000. fl. zur Erkaufung des Saamge-
treides hinausleihen, weil selbe sonst ihre
Felder ungebauet hätten liegen lassen. Anno
1782. verursachte die andaurende Trökne
einen neuen Schaden von mehr, als 3000. fl.

Bey diesen grossen, und auserordentlichen
Ausgaben, welche unser Probst in zwey
Jahren zu bestreiten hatte, und welche sich
sammt den dabey untergelaufenen Schäden,
und Abgang an Getraid über 28000. fl.
belaufen, würde nicht nur der Prälat zu
Intersdorf, sondern jeder anderer verder-
ben müssen.

Nichts desto weniger, obwohlen unser
Probst, wie eben gemeldet worden, 28000.
fl. an auserordentlichen Schäden, und
Ausgaben zu bestreiten hatte, wurde von
ihm der Schuldenlast doch nur um 10000.
fl. vermehrt: massen er beym Eintritt seiner Probstey 123000. fl. übernommen,
dermalen aber 133000. fl. zu verzinsen hat.

Aus diesen kann man schliessen, daß es
mit Intersdorf noch nicht aufs äusserste
gekommen, und wer Kloster Intersdorf
kennet, wird es einsehen, daß es gar nicht
unmöglich sey, wenn Gott seinen Segen,
und bessere Jahre verleihet, den Schuldenlast des Klosters nach und nach zu tilgen.

Nebendeme ist der Aktivstand des Klosters
so beschaffen, daß man den Gläubigern
über

über 100000. fl. verſichern kann, ohne ei=
ne handbreit Erden von den Stiftungsgü=
tern zur Hypotek anzuweiſen: das Kloſter hat
bey der löbl. Landſchaft in Bäyern aufliegen=
de Kapitalien 20000. fl. bey den Untertha=
nen und umliegenden Bauern 10000, fl.
geliehene Gelder: liquide Ausſtände bey
den Grundholden 36000. fl. Vorrath an
Wein 24000. fl. an Getraid 6000. fl. an
Bier, Brandwein, Eſſig ꝛc. 5000. fl.
welches alles zuſammen eine Summe von
hundert und ein tauſend Gulden ausma=
chet, ohne die Grundſtücke, und jährliche
Einkünften in Anſchlag zu bringen.

Bey dieſer wahren Beſchaffenheit der
Sachen, fällt es uns höchſt ſchmerzlich,
daß Kloſter Intersdorf ſolle aufgehoben
werden, weil es überſchuldet iſt, und ſich
vom Verfall nicht mehr retten kann: denn
das Kloſter Intersdorf noch vor 3. Jahren
nichts weniger als verſchuldet geweſen,
wird ſich vorfinden beym Hochlöbl. Geiſtl.
Rath in den Kommiſſionsprotokollen von
den Prälatenwahlen Anno 1778. und 1780.
Daß aber der Status des Kloſters in die=
ſen letzten 3. Jahren nicht verſchlimmert
worden, wenn Euer Churfürſtl. Durchl.
an der Aufrichtigkeit, und Wahrheit deſſen,
was wir bisher (ſo wie auch zum Höchſt=
preiswürdigen Geheimen Rath unter dem
nämli=

nåmlichen Dato) unterthånigst vorgestellet
haben, Zweifel hegen, bitten wir, durch
eine gnådigst abzuordnende Kommission zu
unterſuchen.

Man ſagt zwar, unſer Probſt hätte ſelbſt
in ſeiner Beklemmung wegen damals ob-
waltenden, und oben beſchriebenen Umſtån-
den die Aufhebung, oder andere Verwen-
dung des Kloſters eingerathen: allein es iſt
in den Rechten ausgemacht, daß weder
Rath noch That eines Prålaten zum Nach-
theil ſeines Stift, oder Kloſters giltig ſeyn
dårfe ohne Konſens ſeines Kapitels.

Wir verehren in tiefeſter Demuth die
höchſten Verordnungen; doch werden Euer
Churfürſtl. Durchl. uns nicht zur Ungnade
rechnen, daß wir unterthånigſte Vorſtellungen machen, und demüthigſt bitten, Höchſt-
ſelbe wollen Dero getreues Stift, und Kloſter Intersdorf noch ferners beſtehen laſſen,
nicht allein zum Beſten der regulierten Chorherrn, ſondern auch zum Troſt der Armen,
welche jährlich ein beträchtliches Almoſen
gegen tauſend Gulden beym Kloſter empfangen: oder wenn die Aufhebung des Kloſter
Intersdorf unabånderlich beſchloſſen ſeyn
ſoll, bitten wir demüthigſt, daß es wenigſt
nicht aus der Urſache einer Verſchuldung,
oder einer ſelbſt eigenen Anerbietung unſers
Prob-

Probſten geſchehen möge. In unbegränz-
ten Zutrauen auf Euer Churfürſtl. Durchl.
Höchſt angebohrne Milde empfehlen wir
uns zu fortdaurenden Höchſten Hulden,
und Gnaden. Stift, und Kloſter Intersdorf den 13. Julii 1783.

Euer Churfürſtlichen Durchlaucht

Unterthänigſt gehorſamſte Ul-
rich Dechant, und ſämmtliche
regulierte Chorherrn.

Dritte

Dritte Urkunde.

Inventarium

Ueber die beym löblichen Stift, und Kloster Intersdorf dermal vorhandene Temporalia sammt Schulden herein, und hinaus, verfaßt.

Baarschaft bey der Prälatur.

An baaren Geld ist vorhanden 1000. fl. =k.
Beym Kasten- und Kelleramt 2000.

An Silbergeschmeid bey der Prälatur.

2. Silberne vergoldete Meßkandel.
1. Silberne halb Maaßkandel vergoldet.
2. Silberne Leuchter ohne Butzscheer.
   NB. Eine kleinere Butzscheer von Silber zerbrochen.
4. Dutzend silberne Messer, Gabel, und Löfel.
1. Lavor von Silber, und zum Theil vergoldet.
2. Kristallene Krügl, mit Silber vergoldeten Luk.
2. Terpentinerne Kändl, mit Silber vergoldeten Luk.
1. Pokal von Terpentin, mit Silber vergoldeten Zierathen.
13. Silber und vergoldete Becher, worunter 2. mit Dekel.
14. Silber, am Rand vergoldete Becher, worunter einer mit Dekel.

4. Größere silberne Becher mit Wappen, worunter 2. mit Dekel.
3. Große silberne Vorleglöfel.
1. Silbernes Messer mit dergleichen Gabel zum Tranchiren.
7. Silberne Löfel ohne dazu gehörige Messer, und Gabel.
4. Silberne Salzbüchslein.
1. Kleines silbernes Aufsätzl, für Lemony ꝛc.
1. Silbernes Salzbüchslein von Philigranarbeit, für Pfeffer.
2. Silberne Zuckerbüchsen mit 5. silbernen Koffeelöfeln.

Im Keller.

Oestreicher Wein allhier 1460. Eimer, und zu Weinzierl in Oestreich 15. Eimer.
Kellheimer Wein 43. Eimer.
Sommerbier 27. Faß 729. Eimer.
Malz 263. Schäffel.

Im Hennenhause.

63. Stück. 99. Enten. 50. Hennen. 30. Koppen, und 250. Hennl.

Im Pferdstall.

23. Zugpferd.

Im Kühestall.

43. Melchkühe.
30. Rinder.

Im Maßstall.

23. Zugochsen.
9. Maßtochsen.
14. Junge Ochsen.
4. Stiere.

Im Schweinstall.

15. Grosse Schweine.
39. Frischlinge.

Auf den Getraidkästen.

Waizen. — 32. Schl. 11. Vrtl.
Korn altes. 350. Schl.
Und fertiges 22.   1. 1/2. Vrtl.
Gersten. — 7. Schl.
Haaber. —118. Schl. 7. 1/2. Vrtl.

Im Stadel, vom Klosterbau und Zehenden.

57. 1/2. Schober Waizen geben beyläufig
48. Schäffel.
506. 1/2. Schober Korn beyläufig 450. Schl.
86. Fuder Gersten beyläufig 206. Schl.
Haaber ist noch nicht ganz eingeführt.
Die Erbsen befinden sich auch noch auf
dem Felde.
NB. Der Zehenden von Wöhr, und Pöttm-
bach ist hier nicht begriffen, wie auch der
Klosterzehenden an der Gersten, weil sol-
cher noch nicht eingeführt.
Heu 210. Fuder.

Grum

Grummet ist noch nicht eingeführt.
Schmalz beyläufig 780. Pf.
Leinwad von allen Gattungen 121. Stückl.
Geschlagenes Füchtenholz 2067. Klafter.
Buchenholz 73. Klafter.
Ziegel von verschiedenen Gattungen 52400.
Kutschen, Wägen, Pferdgeschirre, Pflüge 2c.
   Wein- und Bierfässer dann übriges Schäf-
   lergeschirr 2c. Faßholz, Wagner, und Zim-
   merholz, Eisen 2c. Better, Zinn, Küchen-
   und Keller- 2c. dann all übriges Haus- und
   Baumannsgeräth, haben wegen Kürze der
   Zeit nicht specificirt werden können.
Grundherrliche Ausstände an Gilten, Stif-
   ten 2c. — — 34994. fl. 33 kr. 2. 1/4. hl.
Auf Interesse liegende Kapitalien bey der
   löbl. Landschaft. — 20100. fl.
Und bey den Unterthanen. 10217. fl. 15. kr.
Ausständige Zinßen bey den Unterthanen.
   2379. fl. 39 kr. 3. hl.

Paßiva.

Diese bestehen in — 133000. fl.
Das Silber, Vieh, Getraid, und Fahrnis-
   sen sammt Holz, Waldungen, und Heu
   müßte sich auf 133000. fl. belaufen.
Die jährliche Stift beträgt 2618. fl. 46. 1/2 kr.
Käßgeld. — — — 255. 42.
Hanfkörner 11. Schl. 2. Vrtl.
  in Geld. — — — 54. 29.
Obstgeld. — — — 12. 20.

Das

Das erkaufte Scharwerk. - 647.

Eyer 21270. d. Centner a 40 kr. 141. 48.

Hennl 2003. a 6. kr. — 200. 18.

Hennen 98. a 12. kr. — 19. 36.

Gänß 202. a 30. kr. — 101. —

Schwein 27. a 6. fl. — 282. —

Schmalz 195. Pf. a 12. kr. 39. —

Die Unterthanen sind an
  ausständigen Stiften,
  und Gilten 2c. schuldig. 34994. 33. 1/4.

Die auf der Landschaft
  für dieß Jahr noch ein-
  zunehmende Interesse. - 420. —

Jährl. Getraidgilt.

Waitz — 77. Schl. 5. Vrtl.

Korn 928. 3. 1/2.

Gersten 55. 8.

Haber 838. 3.

Abgab an Verehrungsallmosen, und Besoldungsgetraid.

Waitz 7. Schl. 10. Vrtl. Gersten 2. Schl.

Korn 30. Schl. 2. Vrtl. Haber 11. Schl.

Passiva, und andere Ausgaben.

Die jährliche Decimation, oder 2. Stand-
  anlagen betragen. — 1516. fl.

Schulbeytrag. — — 555. 36. kr.

Bierkomposition. — — 1120.

Besoldung der Dienerschaft
  jährlich. — — — 1480.

NB.

NB. Die sämmtlichen Unterthanen, bestehen in 258. Höfen.

Dieß summarische Inventarium wurde einsweilen vorgelegt, bis man Zeit gewonnen, das förmliche Inventarium zu verfassen, welches bald hernach 10. bögig vorgelegt worden, Herr Kellermeister gab keinem die Kopie des letzten, selbst Herrn Dekan nicht, so es ausdrücklich und öfters verlangte.

Vierte Urkunde.

Inventarium
Ueber das Jutersdorfische Armarium philosophicum.

1. Kasten.

Eine Maschin ad motum reflexum cum globulo eburneo.

Zwey Maschinen ad motum elasticorum, bey einer sind globuli eburnei æquales — bey der andern lignei inæquales.

Diagonal.

Vortices Cartesii.

Planum inclinatum cum quadrante.

Cicloi cum globulis eburneis.

Planum inclinatum — motus retardatus.

Item ad motum Compositum.

Diese Maschinen sind alle von Holz überaus schön und zierlich gearbeitet. Hier findet sich zugleich ein vergoldetes Glas zur

Elek-

Elektricität gehörig. Item 3. Tubi va-
cui, oder luftleere Gläser: in einem ist
Merkurius.

2. Kasten.

Statera Romana.

1. Maschin — explicatio virium in nexum
vom P. Kruz.

Eine Waage mit einer Feder.

Cochlea infinita.

Flaschenzug.

Ad æquilibrium eine Maschin.

Axis in peritrochio.

Trochlea.

De Centro gravitatis planum inclinatum
mit einem Thurn und Kugel.

Diese Maschinen sind eben, wie erstere, von
Holz, zierlich gearbeitet, die Waage aus-
nommen.

In Mitte.

In einem besondern Kasten.

Speculum parabolicum von Gips, gut vergoldet, beschädiget.

3. Kasten.

1. Maschin mit einem artificial Magnet —
item ein natürlicher Magnet, wobey ein
Glas mit limatura ferri.

Ein Planum,

Polyspasti.

Cuneus.

4. Ka-

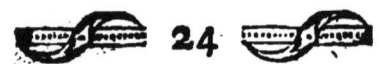

4. Kaſten.

Verſchiedene Siphones. — Gläſer mit verborgenen Siphonen.

Fons herenis, obedientiæ &c.

Cochlea Archimedis.

Experimentum Mariol.

Verſchiedene Tubi Communicantes.

Tubi Capillares nebſt Cylinder.

De gravitate refpeſtiva.

Bierwaag 2.

Libel oder Nivell.

Malleus aquaticus.

Die 4. Element.

Ein luftleerer Cylinder zur Elektricität mit Goldpapier.

Pincerna ſtathmlcus.

Pilæ æoli von verſchiedenen Gattungen.

Dœmunculi Carthefiani.

2. Gläſer, zeigen pulſum arteriæ.

Lacrymæ Batavicæ.

Eine Waage.

5. Kaſten.

Speculum Concavum.

Ein Konver Spiegel.

Specula parallella.

Specula inclinata.

Microfcopium Compofitum — item ſolare mit Zugehör.

1. Linſenglas ⎫
2. Prismata ⎭ mit Geſtell.

Spe-

Speculum Conicum.
Pyramidale.
Cylindricum.
} mit verschiedenen Figuren.

Das menschliche Ohr von Holz.

Das Aug des Menschen.

Zwey Kästl, worinn die Salla mit Gläser.

Camera obscura.

Camera optica major & minor, mit verschiedenen Prospekten.

Ein Polyedron.

Ein kleines Handmikroskop.

6. Kasten.

Fünf gläserne Glocken zur Antlia.

Ein deto Kugel, gravitatem aeris inclusi zu wissen.

Eine Glocke, der Aufsatz ist von Holz, wo durch die Poros das Wasser flüsset, wenn der Luft in vitro ausgeschöpft.

Ein Cylinder mit Feder, Heller, Papier, so alle gleich fallen aere extracto.

Ein Cylinder ad elevationem Mercurii.

Abermal ein Cylinder.

3 Gläserne Fäßgen. Eines mehrmal von Holz.

Ein Aufsatz von Meßing unter eine Glocke, item ein Glas mit einer Feder ad Commixtionem Fluidorum, oder Solidorum.

Ein Vas von Meßing ad Compressionem aeris mit Zugehör.

Hemisphæria Magdeburgica.

Marmora lævigata.

Eine

Eine andere Gattung von Hemisphæriis
mit anhangendem Bley.

Ein Wecker von Meßing ad theoriam soni.

Eine Waage, auf einer Seite hängt ein
bleyernes Gewichtlein, anderseits ein
Glas majori volumine.

Experiment von Muschenbroek, welches die
Verlängerung, und Verkürzung verschie-
dener Metalle anzeigt.

Verschiedene Spiritus, Olea, & Pixides.

Gleich unter diesen Kasten.

Motus parabolicus — eine Maschin.

Motus Centrifugus solidorum.

Eine andere Maschin eben ad Leges motus
pertinens.

Zwey Hängkästen.

Ein Parallacticum von Eisen mit blechenen
Tubo nebst Micrometro von P. Krüz.

2. Tubi Coelestes.

Planeto labia.

Atlas Cælestis Authore Doppelmajer.

Joann. Bayer Rhenan. Uranometria. Ulmæ
1661.

Ein Feldmeßtischl, mit Ketten.

Ausser den Kästen in dem Zimmer ver-
schieden eingetheilt.

Antlia Pneumatica vom Brander.

2.Specula parabolica von Gips, gut vergoldt.

Deto 2. kleinere.

Eine

Eine Elektricität, 3. Verstärkungen, mit Experimentstücklein.

Ein Tubus acusticus.

Experimentum Marioti Majus vom Blech.

Globus Cælestis major & minor.

Sphæra armillaris mit meßingen Ringen.

Barometer.

Tabellæ Geometricæ.

Eine schöne Landkarten von Petro Weinero.

Eine Planetenuhr.

Eine Sekundenuhr.

Durch die Mitte des Zimmers ist die Meridianlinie gezogen.

NB. Viele andere kleinere Stücke konnten wegen Menge nicht alle specificirt werden, so z. B. finden sich viele Stücke noch im Gläserkasten N. 4.

Item viele Stücke zur Sonnenuhr gehörig 2c.

Alles dieß war nacher Straubing bestimmt, weil allda besonders in Philosophicis Armuth herrscht.

Ich wollte wünschen, ich könnte besonders von den aus der Intersdorfer Bibliothek nacher München zur Hofbibliothek transportirten Büchern einen Katalog beylegen, Hr. Georg Steigenberger könnte um den Ersatz gebethen werden. Gewiß! Intersdorf hatte einen grosen Schatz an den Incunabulis, die selbst Hr. Steigenberger nicht gehoft hätte.

Fünfte

Fünfte Urkunde.

Außzug vom Sakristey-Inventario.

Ein weißer schwer mit Gold gestikter Ornat
mit 2. Pluvial & Velis, Antipendiis, und
2. Meßkließer. Alba mit Goldspitzen.
1. schön gelber Ornat in festis B. V. mit 2.
Pluv. 2c.
1. weiß alt gestikter — item 1. deto alter.
1. rother Ornat. 1. schön mit Silberborten
geziertes Meßgewand.
1. deto rother.
1. blauer Ornat.
1. schön schwarzer mit Gold gestickter Ornat.
20. Meßbücher, worunter 2. neue mit rothen
Sammet und Silberbeschläg.

Gold und Silber.

2. Ciboria, wovon eines des Stifterskelch.
1. Kelch ganz von Gold.
Andere Kelche von Silber und Gold 23.
1. Speißkelch von Silber und vergoldt.
Vasa argentea mit Provisurbeutel 3.
Monstranzen von Silber gegossen 1.
Eine grose deto von Silber.
Etwas kleinere.
2. Rauchfäßer mit Schiflein von Silber.
1. silberne Ampel.
1. silberner Weihbronnkessel.
1. silber. Pontif. Stab mit Pontif. Leuchtern
und Zeiger, Butzscheer.

L. großes

1. groſes Lavor von Silber mit Kandel.
2. Paar groſe ſilberne und ſtark vergoldte
Kanden — item bey dieſem noch eine deto
gröſere Kanden.
6. P. Kändl. und Teller von Silber.
2. Klingeln von Silber.
3. ſilberne Krucifir.
Das H. Kreuz vom Silber.
6. groſe Altarleuchter vom Silber.
2. deto etwas kleinere.
2. deto Tabernakel Leuchter.
S. Ottilia & S. Wolfg. vom Silber mit Po-
ſtament.
2. groſe ſilberne Bruſtbilder S. Sal. & B. V.
2. Bruſtbilder von Silber S. Aug. & Mon.
Reliquien in ſchwarz gebeitzten Holz mit Silber belegt.
NB. Alles wurde von Jntersdorf nach Uebergab der Jntersdorfiſchen Güter nacher
München zum Stiftsdekan geliefert, und
in deſſen Wohnung Kelch, Monſtranzen,
Ornat ꝛc. den Juden verkauft in groſen
Incognito. man ſagt zuverläßig, daß bey
dieſem erſten Verkauf die Juden 16000.
fl. erlegt.
Die bürgerlichen Däntler, und Dänt-
lerinnen ſchmäheten eines Schmähens,
ſelbſt ins Angeſicht des Stiftsdekan,
daß man ihnen gar nichts ſagte, wie
ſie doch vorläufig ſchon um Wiſſenſchaft
gebethen, bey vorzunehmender Licitation
&c.

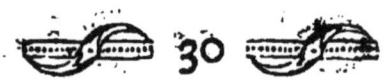

&c und machten Vorwürfe, daß man
lieber den Juden unsere heilige Gefäße
eingeliefert — Das thun Geistliche —! 2c.
Nichts half das Lamentieren, Demon-
strieren und Supplicieren; das Regulierte mußte den Unregulierten zur Beute werden — Certa scientia, matura delibera-
tione — Liebes Jntersdorf! hättest du Schulen und Waisenhäuser, und nicht 15000.
Gulden Bräuhäuser gebaut; so würde es
der Himmel nicht zugelassen haben, daß
du unreguliert würdest. Sage es deinen
noch reichern Schwestern in Bayern; 1000.
fl. jährlich sind für ein Stift viel zu we-
nig Almosens; die Klöster müßen Vor-
rathskammern für die Armen, und Wai-
sen seyn. Du solltest mehr als einen Brüder Marold, mehr als einen Augustin Michel, und nicht so viel Kutschenpferde aufzu-
weisen gehabt haben. Meine Vorwürfe
aber sind nicht auf dich gemünzt; denn
du bist nun nimmer; dein Erbe ist an
Fremde gekommen, diese haben die Meße-
schnur über dich gezogen: Möchten sich andere Prälaturen an deiner Unterdrückung
erbauen! und gemeinnützlicher werden! Denn
zu was stehen schöne Gebäude für unnütze
Leute? Große Bibliotheken für Augen, die
nicht lesen? Und die Landesschulen für den
alten Plempel? Euch ist die Jugend ß der
Augapfel des Staates, anvertraut; ma-
chet

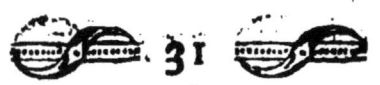

thet ihr eure Sache nicht besser, so kann
es geschehen, ihr werdet noch alle Malte=
ser. Die ihr unterrichtet, die selbst werden
nach 15. Jahren eure Unterdruckung helfen
befördern, wenn sie es erkennen; — Das
haben wir von Mönchen gelernt, und
dieß, und das hätten wir lernen können,
lernen sollen, und wollen. Im der That,
wenn man die benachbarten Schulen
Oestreichs aufblühen und mittels guter Er=
ziehungen andere Länder glücklich werden
sieht; müssen ja doch gar auch euren besten
Freunden, und Stangehaltern die Augen
aufgehen; umd man wird Bäyern auf Oest=
reichischen Fuß stellen. Wie mag es dann
Bayerischen Prälaturen ergehen? Ihr wer=
det alle nicht mehr im Stande seyn, einer
Staatsanfechtung nach euern Gütern Wi=
derstand zu thun. Verlasset ihr euch auf
Rom, so seyd ihr verlassen; denn ihr se=
het es mit beyden Augen, was Rom mit
den Jesuitergütern, und mit Intersdorf
geschehen läßt.

Tagebuch.
über
diese Klosteraufhebung.

Die Intersdorfischen Chorherrn machten
mittels ihrer Inventarien nicht allein
den Gegenbeweiß für ihren Vormögens=
stand

ſtand handgreiflich; ſondern ſie griefen auch
die Aufführung der unregulierten Chorherrn unſer Fraue zu München mit ihren
Beſchließerinnen an; dadurch ſie bey etli-
chen Miniſtern, und mehrern Räthen die
Sache ſo weit brachten, daß ſie Pardon
bekamen, bis der Churfürſt von Rom re-
turnierte.

Allein ſobald Seine Churfürſtliche Durchlaucht im Lande erſchienen, frohlockte man
allenthalben über die glückliche Wiederan-
kunft, beſonders die Herrn Hofkapläne.
Da ſie nun der Beute näher zu ſeyn glaubten, ruheten ſie nicht ehender, bis ſie durch
alle Schleichwege Seine Churfürſtl. Durchlaucht dahin vermogten, nicht mehr vom
einmal gegebenen Worte abzuweichen,
(ſonſt konnten ſie nichts mehr einwenden;
denn erſtgedachte Vorſtellungen, welche
Intersdorf an alle Gerichtshöfe ausge-
theilt hatte, leuchteten zu klar ein) die
allbereits gemachte Schankung des Kloſters Intersdorf zu bekräftigen, und nur
bäldeſt Commiſſarios zu ernennen. (Sie
ſuchten aber alles durch eine Commiſſion
immediate vom Geheimen Rath breviſſi-
ma manu ohne viele Unterſuchung an ſich
zu bringen) die Bulle promulgiren zu laſſen und auf ſolche Weiſe Intersdorf dem
verſchuldeten Kloſter den kürzeſten Proceß
zu machen — Wäre all dieſes ſo geſchehen,

hen, wie der Plan schon fertig war, so
hätte man vielleicht sagen können, wie ge-
recht, und billig alles hergegangen, wie
ehrlich man noch immer über dieß gegen
die überschuldeten Chorherrn gedacht, da
nach geschehener Uebernahme per avers man
ihnen doch noch zum Ueberflusse unver-
dient aus Mitleiden, und wärmsten Men-
schengefühle ein weniges Reißgeld zum Ab-
marsch, oder einen Gnadenpfenning jährlich zu reichen sich verstanden. Indessen
ward die Aufhebung des Stiftes Intersdorf neuerdings ohne weitere Rucksicht
auf gemachte Gegenvorstellungen Höchster
Orte entschieden, das ganze Geschäft
wurde einer geistlichen Rathskommission
übertragen, welche mit den päbstlichen
Herrn Commissariis, als Bischofe vom
Chiemsee, und Herrn Prälaten von
Scheuern alles laut gegebener Vorschrift
vollziehen sollten, diese erschienen auch, wie
sie per signaturam vorgeladen worden, am
bestimmten Tage in München, nämlich
Herr Prälat Sebastian von Chiemsee als
Subdelegatus von seinem Ordinario, und
Herr Prälat von Scheuern, sie mußten
sich aber wirklich beynahe 14. Tage allda
gleichsam müßig aufhalten, weil nämlich
noch alles ordentlich verwirret hergieng.
Allein der Fürst Bischof zu Freysing machte eine Hinderniß, da selber qua Ordi-

C   narius

narius aus gewiſen bedenklichen Urſachen
präteriert worden, beſonders aber, weil
laut der Konkordaten keine Kommiſſion
ohne beyderſeits abzuſchickenden Kommiſſa-
riis künftighin vorgenommen werden ſoll-
te. Dieſer neue Auftritt foderte nothwen-
diger Weiſe einige Zeit, bis man endlich
die Sache ſo zu vermitteln wußte, daß
gleichwohl auch Freyſing auf ihren gemachten Vortrag, und behauptetes Recht ad
hunc actum ſuppreſſionis einen Commiſſa-
rium nacher München einsweilen zur In-
ſtruktion, ſohin ad exec. tione n abſchi-
cken dürfte. Soviel wurde dem Fürſt Bi-
ſchofe von Freyſing per deputatum Titl.
Herrn Prälaten von Hoffelin geſtattet,
nebſt abſchriftlicher Bull: Fürſt Biſchof
zu Freyſing las nicht ohne Verwunderung
die vorgeblichen Urſachen zur Aufhebung,
und weil dieſe gar nicht gefallen könnten,
noch wollten, konnten ſeine Biſchöflichen
Gnaden ſich unmöglich entſchlüſſen, ex
motivis Bullæ inſertis zur Aufhebung
des Stiftes Intersdorf auch ſein Biſchöf-
liches Anſehen durch Abordnung eines
Kommiſſarius herzuleihen.

In dieſer Zwiſchenzeit kam Herr Prälat von Intersdorf noch einmal den 11.
Auguſt nacher München, fand auch Wege, Seiner Churfürſtl. Durchl. neuerdings die bindigſten Vorſtellungen zu machen;

chen; weil aber die Sache schon zu weit
gekommen, und Seine Churfürstl. Durchl.
vom gegebenen Worte nicht mehr abwei-
chen, und die dem Chorstift zu München
gemachte Schankung nicht mehr wieder-
rufen konnten, oder wollten, gieng Herr
Prälat trostlos (*) wieder nacher Hause,
wo bald hernach nämlich den 15. August
Abends um 7. Uhr der Kanzleyboth vom
geistlichen Rath zu München mit der Sig-
natur eintraf, laut welcher dem dasigen
Herrn Prälaten mit seinen Konventualen
die Ankunft der päbstlich, und Churfürstlichen Herrn Kommissarien auf den 18.
August 1783. insinuirt, und zugleich be-
deutet worden, daß man selbe bey Ankunft
ad portam a.) in Rochetis geziemendst empfangen, b.) die Rechnungen bereit halten
solle: das übrige werde weiters zu verneh-
men seyn.

Bey so gestalten Sachen fand Herr Prälat gut, noch vorhin als den 16. August
nacher Freysing ad Ordinarium zu reisen,
und unter abermaligen Bezeugung, wie Intersdorf seinen Gehorsam, und Hochachtung
gegen das Ordinariat jedesmal an Tage
C 2   zu

(*) Einige Herrn Minister, als Graf von Seins-
heim, Spauer, 2c. 2c. erbothen sich, dem Herrn
Prälaten ein Attestat ausfolgen zu lassen, so ihn
vor der ganzen Welt rechtfertigen sollte, daß
er die Aufhebung nicht verlangt.

zu legen bestens beflissen, berichtete Herr
Prälat allda bisherigen Fortgang, so Seiner Bischöfl. Gnaden ꝛc. sehr wohl gefiel,
Höchstdieselbe geruheten auch das Wohlge-
fallen durch die gnädigste Worte zu äussern
daß man von Seite Freysing keinen Commissarium, ad hanc suppressionem abge-
ben werde, weil die Bull in etwas irre
machte; dabey werde man von Seite
Freysing sich so verhalten, als wüßte
man von dem ganzen Hergange gar
nicht: was übrigens die Curam anima-
rum betrift, so dürfen jene, so zu Intersdorf beybehalten werden sollten, ohne
weitere Anfrage die Curam exercieren,
bis dießfalls in specie, und ausdrücklich
eine andere Disposition geschehe. In diesen bestehet nun hauptsächlich, was vor
Aufhebung des Kloster von Seite München, Freysing, und Intersdorf vorläufig
unterhandelt worden; ich komme näher zum
Hauptstofe, selbst zur Vollziehung der Auf-
hebungsbulle, und da ich sehr mühesam
durch gute Freunde so viel gesammelt, daß
ich über alles, was von Zeit zu Zeit com-
missionaliter vorgegangen, ein Diarium
vorlegen könne, so bleibe ich getreu in
Erzehlung der ordentlichen Exekution, und
genauen Vollzug des Commissorii, ich will
gar nichts beysetzen, so, wie mir alles nach
und nach geliefert worden, will ich es nie-
der-

derſchreiben, wenn ſchon hin und wieder
minder beträchtliche Dinge einlaufen, ſo
wird der Hauptſache gar nichts benommen,
ſondern vielmehr Aufrichtigkeit und Wahrheit ſiegen, und wenn ein und anders
wegbleibt, was vielleicht noch abgehet, ſo
erſuchet man höflich die Herrn Hofkapläne
um den Erſaß. Hier alſo iſt das *Diarium.*

Den 18. Auguſt im Jahre 1783. um 4.
Uhr Abends ſtunden alle Konventualen mit
ihren Rocheten bereit, und erwarteten zwi-
ſchen Forcht, und Hoffnung die Ankunft der
Herren Kommiſſarien.

Nachts um 8. Uhr kam der erſte Wagen
unter Begleitung des Hofmarksrichters, und
Amtmanns zu Pferde, die Päbſtliche Herrn
Kommiſſarii mit ihren Religioſen, welche die
Sekretariatsſtelle vertretten ſollten, wurden
geziemendſt von Konventualen des Stiftes
Intersdorf empfangen, und in die bereiteten
Zimmer geführt — alles gieng ſehr ſtill her —
Schritt für Schritt — ohne Geiſelſtreich.

Eine Viertelſtunde ſpäter folgten zugleich
zwey Wägen: in den erſten waren die Chur=
fürſtliche Herren Kommiſſarien, Herr Baron
von Rumel, und Geroch Steigenberger Geiſt-
licher Rath, und Hofbibliothekarius, deſſen
Gegenwart zielte zugleich ad Bibliothecam
undenſem — Nebſt gedachten Herren Kommiſſarien waren in eben dieſen Wagen Herr

Sekre-

Sekretär Graf, und Herr Mansini Hofkaplan, ebenfalls Geistl. Rath, jedoch nur im
Namen der Hofkapläne qua interessatorum.
Die Herren Kommissarii wurden wie erstere
empfangen, und in die Zimmer begleitet. Der
dritte Wagen brachte zwey Kammerdiener,
und einen Kanzellisten vom Geistlichen Rath.

Um ein Viertel nach 9. Uhr kam endlich
der letzte Wagen, worinn Herr Effner
Stiftsdekan, Herr von Blindheim Chorherr
bey unser lieben Frauen in München, Herr
von Krieger Hofkaplan, dann Geheimer
Rath, Herr Dellerer Syndikus bey erst gedachten Chorstift in München.

Um halb 10. Uhr war das Nachtmahl,
sohin gieng man schlafen; folglich gieng
diesen Tage gar nichts vor.

Den 19. August nach 10. Uhr erschienen
alle Chorherren von Interdorf in Rochetis
berufen, und begleiteten erstlich mit dem Ka-
pitelkreuz die Päbstlichen Herren Kommissarien in das Oratorium, in die Klausur hinein,
an den Ort, wo sonst die Prälatenwahl vor-
zugehen pflegte — sohin auf gleiche Weise die
Churfürstl. Herren Kommissarien, Herr Sekretär Graf folgte mit, so, wie mit den Päbstlichen die zwey Religiosen als Sekretärs.

Nach diesen wurden 4. Chorherren von
Intersdorf beordert, Herrn Stiftsdekan Effner, Herrn von Blindheim in nomine Cano-
nicorum Monacensium, und Herrn von Krieger

ger im Namen der Herren Hofkapläne vor-
zuführen: Herr Mansini war nicht verlangt,
und zwar ausdrücklich, warum? Weiß nicht;
dieß aber weiß ich, daß es ihm nicht gar an-
ständig war — er war immer mit auf dem
Wege, gieng endlich zurück, und konnte seinen gefaßten Verdruß nicht bergen.

Bey gedachter Versammlung ward die
Thür geschlossen, Titl. Herr Baron von
Rumel als Churfürstl. Hauptkommissarius
machte den Anfang mit mündlichen Vortrag, daß selber zum vorgehenden Akt als
Kommissarius ernannt rc. zeigte das Com-
missorium offentlich vor, welches Herr Sekretär Graf laut abgelesen.

Hienach that ein gleiches Titl. Herr Com-
missarius Papalis, und bewies, daß selber mit
gehörigem Ansehen als Subdelegatus von seinem Ordinario ernannt, wobey besonders zu
merken, daß in dem Commissorio durchgän-
gig die Rede de ampla potestate dicendi,
faciendi, gerendi, decernendi quoad pen-
sionem &c. allemal mit den Worten der
Bull, wie aus dem Mandato Subdelegationis zu ersehen.

Dieses Mandatum Subdelegationis war
laut, und offentlich von des Herrn Prälaten
von Chiemsee seinem Religiosen P. Præsidio
qua Secretario abgelesen — die partes in-
teressatæ waren besonders aufmerksam.

End-

Endlich kam es selbst ad promulgationem
Bullæ, so geschehen ebenfalls vom P. Præsi-
dius, die Bull lautet: wie oben. Es ist aber
wohl zu merken, was in dieser Bull vorkömmt, es heißt nämlich *ex Certa scientia*,
wie anderst könnten seine päbstliche Heiltg-
keit den Ausdruck brauchen, wenn Höchst-
dieselben nicht so gut wären unterrichtet worden. Diesem sey, wie ihm wolle —

Nach Ablesung dieser Bull geschah vom
Prälaten von Intersdorf die Uebergab der
Schlüssel samt einem Rechnungsbuch in die
Hände Titl. Herrn Baron von Rummel,
zugleich machte Herr Prälat in aller Sub-
mission mündlich, und nachdrucksamst die
Protestation in Betref der 2. in der Bull an-
gegebenen Beweggründe zur Aufhebung
Kloster Intersdorfs mit dem Beysaze,
daß man selbst von hohen Orte in München sich anerbothen, ihm ein Attestat ausfolgen zu lassen, welches ihn vor aller
Welt lossprechen soll, daß er niemals die
Aufhebung seines Klosters verlanget —
daß aber auch sein Kloster nicht, wie vor-
gegeben worden, überschuldet sey, werde
man sich ohnehin nach Einsicht, und nähe-
rer Renntniß des ganzen Status von selbst
leicht überzeugen. So viel enthielt die eben
zu diesem Ende schon in Bereitschaft gehabte
Protestationsschrift, welche nach diesem
mündlichen Vortrage Herr Prälat Titl.
Herrn

Herrn B. v. Rummel anzunehmen gebethen,
welcher selbe auch sehr freundlich und gnädig
annahm, mit Versicherung, selbe höchster
Orten zu gehöriger Zeit vorzulegen. Zuletzt
endlich bath Herr Prälat die hohe Kommission, Selbe wolle seine lieben geistlichen Herren Söhne und Mitbrüder Seiner Churfürstl. Durchl. ihren künftigen Unterhalt halber bestens empfehlen. Fürwahr ein rühren-
der Auftritt, die es angieng und alle Gerechtigkeitsfreunde wurden gerührt. Herr Prälat mit seinen bestürzten Religiosen floß in
Thränen — Und mit diesen war der erste,
und Hauptauftritt geendet.

Abends um 5. Uhr geschahe die Auspflich-
tung der Dienerschaft — die Interimis administratores laut abgelesenen Befehl waren
ernannt, Herr Stiftsdekan Effner, Herr
Mansini, Herr Joh. Nepom. Roser Kellermeister, Kastner, und Chorherr von Intersdorf, Herr Grundler Klosterrichter als Rech-
nungsführer. Zugleich wurde der Dienerschaft eröfnet, wem jeder in Oeconomicis zu
gehorsamen, mit dem Auftrage, daß indessen
jeder wie ehe, und vorhin in seinem Posto
verbleiben, und seine Verrichtungen bis auf
ein weiters fortmachen solle.

Anmerkung. Die Herrn Interessanten
glaubten sicher, daß man sogleich post promulgationem Bullæ die Extradition der
Güter erfolgen dürfte, deßwegen sie sich
E 5   mit

mit 3000. fl. in Laubthaller versehen, sie
befragten die Herrn Kommiſſarien in ihrer beſten Meinung um den Comiſſions
Conto, erhielten aber allenthalben die Antwort — hiemit habe es noch immer Zeit,
bis ſich die Kommiſſion geordnet. Tit.
Herr Stiftsdekan, und Marſini beſchlo-
ßen eine Reiſe nacher Augsburg, ſie ent-
deckten ihre Geſinnungen den Tit. Herrn
Komiſſarien, die ohne alle Schwierigkeit
einwilligten, doch mit ausdrücklichen An-
hange, daß ſie ſich bis künftigen Freyta-
ge wieder in Intersdorf einfindig machen,
als wo ihre Gegenwart nothwendig würde.
Indeſſen gieng die Kommiſſion weiters
fort, und zwar

Den 20. Nachmittag von halb 3. Uhr
bis Abends 8. Uhr wurde jeder von den
Chorherrn zu Intersdorf ad Protocollum
vernommen über folgende Punkten. 1. Ob
man gedenke, ein anderes Kloſter zu wäh-
len? — Oder ob man vielmehr Luſt habe, zum Weltprieſterſtande überzugehen?
Das letztere wählten alle, nicht aus Ue-
berdruß der klöſterlichen Zucht, oder als
man froh wäre über die Aufhebung des
Kloſters, worinn alle bey allenfalßigen
Wiederruf mit Freuden verbleiben würden;
ſondern aus andern, und mehr erheblichen
Urſachen die ſich jeder ohnehin leicht vorſtel-
len mag. 2. War die Frage, ob jeder die

Seel-

Seelsorge sowohl in Jntersdorf, als auch
anderwärtig exerciern wolle. 3. Wie viel
jeder Pension verlange, oder nöthig zu haben glaube, um in Zukunft priesterlich leben
zu können? Ueber diese 3. Punkten ward
ordentlich protokollirt, weil aber heute nicht
alle aus Abgang der Zeit angehört werden
konnten, so wurde

Den 21. Herr Johann Nep. Kellermeister
sowohl über erstgedachte, dann über mehr
andere Punkten in Betref seines Amtes be-
fragt, wie ingleichen Herr Dekan wegen besondern Rechenschaft zu geben hatte — e. g.
quoad anniversaria ꝛc. ꝛc. Endlich war auch
der regierende Herr Probst vorgeladen, wel-
chem alle Puncta schriftlich zu seiner Verant-
wortung abgereichet worden.

Nachmittag giengen selbst die Tit. Herren
Commissarii in Clausur hinein, und nahmen
auch den lieben alten resignirten Herrn Prälaten ad Protocollum. Nach diesen besichtigten die Herren Kommissärs die Bibliothek,
das Armarium philosophicum ꝛc. ꝛc. Von er-
stern war die Frage um den Katalog, über
alles übrige wurde gefodert ein förmliches Inventarium, sogar wurde jedem Chorherrn
aufgetragen, über ihre Zimmereinrichtung,
Bücher ꝛc. ein Inventarium vorzulegen, mit
der Nota, was jeder mit sich in das Kloster
eingebracht, oder sich selbst beygeschaft, oder
vom Kloster empfangen; hievon war weder
Herr Prälat ausgenommen.   An-

Anmerkung. Bey bisheriger Unterſuchung waren noch immer die Herren Commiſſarii Papales zugegen, welchen man poſt Bullam promulgatam von Seite der Churfürſtlichen Kommiſſion zwar inſinuirte, ihre Kommiſſion hätte ſich ſchon geendet ꝛc. Man verſtund ſich dennoch nach einer freundſchaftlichen Unterredung, daß die Commiſſarii Papales zugegen ſeyn können, damit ſie auch ſehen, und hören könnten. was abgehandelt werde, jedoch ohn einiger anzumaſſenden Diſpoſition. Die Herren Commiſſarii Papales hielten ſich nämlich zu.buchſtáblich ad tenorem Bullæ, und wollten dem Ende abwarten, reden, und endlich finaliter laut der Bulle die Penſion auswerfen.

Den 22. in der Frühe unterredeten ſich abermal die Herren Commiſſarii Papales mit den Churfürſtlichen Herren Commiſſariis: jene ſagten von ihrer vorhabenden Abreiſe, ſo gerne angenommen worden, und überreichten ein pro Memoria, mit Bitte, dieſes Seiner Churfürſtlichen Durchlaucht vorzulegen: der Innhalt zielte dahin, die jährliche Penſion zu ſtatuiren, und hinlänglich zu verſichern. Vor ihrer Abreiſe übergaben die Intersdorfiſchen Chorherren denſelben ihr ſchriftliches Anſuchen in Betref der Sæculariſation, die Bull ſo zu erklären. Man verſicherte den Ordinarium Chieemenſem hievon zu berichten; und man glaubte ſicher, daß es damit keinen weitern Anſtand haben dürfte.   An

Anmerkung. Eben heute war der von der geistlichen Rathskommißion bestimmte Tag, wo Herr Stiftsdekan Effner, und Herr Mansini als ernannte Coadminiftratores in Intersdorf zu erscheinen befohlen worden, weitern Verfügungen abzuwarten; diese erschienen aber nicht. Es wurde demnach

Den 23. in der Frühe Herr Joh. Nep. Roser als aufgestellter Adminiftrator vorberufen, bey 3. Stunden lang inftruirt, wie selber sich bey seiner Adminiftration zu verhalten. Sollte ein oder der andere suchen, ihn irre zu machen, soll seine Antwort allemal diese seyn: die Kommißion wolle es so, und nicht anderft haben. Nachmittag erhielten ingleichen Herr Prälat und Herr Dekan weitere Verhaltungsbefehle.

Den 24. Aug. frühe um 8. Uhr wurden alle Chorherren von Intersdorf vorberufen. Tit. Herr B. v. Rummel hielt eine wohlgesetzte Anrede, und wahrhaft patriotische Erinnerung an das ganze Konvent folgenden Inhalts in der Hauptsache — Nun habe er von Kommißions wegen weiters mehr nichts zu thun, als daß er alle, und jede nachdrucksamft erinnere, und ermahne, daß sie in ihren geistlichen Verrichtungen so, wie bisher, fortfahren. Hier finde er zwar gar nicht nöthig, viele Worte zu gebrauchen, als wo er Männer gefunden, wahrhafte Religiosen, die in der That ver-

verdienen Geiſtliche zu ſeyn, und genannt
zu werden.

Weil aber ein Korpus nicht ohne Haupt
wohl beſtehen mag, als ſoll man wiſſen, daß
alle den Herrn Prälaten, und Dekan als ihre
Obern, und Vorgeſetzten veneriren ſollen, und
damit ſich deſſen alle überzeugen, daß es ernſt=
lich gemeynt, als übergebe er hiemit abermal
dem Herrn Prälaten den Schlüſſel, welchen
er nach Ableſung der päbſtlichen Bulle von
ſeiner Hand empfangen. Alle wollen ſich
demnach befleiſen, ſeinen Erwartungen zu
entſprechen, daß keine Klage einlaufe, welches
nicht nur einzeln, ſondern ſelbſt dem ganzen
Körper, wie nicht minder ſeiner Ehre ſchaden
könnte, indem er als Commiſſarius von allen
geziemendes Lob bey Referirung ſeiner gehab=
ten Kommißion höchſter Orte ſprechen wer=
de ꝛc. So fürwahr tröſten wahre Patrioten,
und Menſchen, und Gerechtigkeitsfreunde in
Unglücksfällen, beſonders, wenn man Un=
ſchuld zu ſehr gedrückt findet, und ſo waren die
beſtürzten Chorherren doch nicht gar ohne al=
len Troſt entlaſſen, ſo dem patriotiſchen Man=
ne Heil und Segen in ſtiller Wonne zuriefen.

Um 11. Uhr gieng die Kommißion von In=
tersdorf ab; was aber zu Dachau vorgegan=
gen, wo eben in dem nämlichen Gaſthauſe die
Herren Commiſſarii von Intersdorf, und
Herr Stiftsdekan Eſſuer, Herr von Blind=
heim, Herr Manſini von München, den Weg
nacher

nacher Intersdorf zu nehmen eintrafen, können wir ohne weitere Umstände weglaſſen — Nur so viel, man war mit dieſen letztern unzufrieden, deßwegen nahmen ſie auch wieder ihren Ruckweg nacher München.

Den 28. Aug. frühe um 10. Uhr kam ein Brief von München über Schwabhauſen nacher Intersdorf, mit Vermelden, die Pferde ſogleich nacher München zu ſchicken.

Den 29. ein Viertel nach 6. Uhr Abends kam mit dem erſten Wagen Hr. Stiftsdekan Eſſner, und Manſini — eine halbe Stunde darauf folgte der zweyte Wagen, worinn die Tit. Herren Commiſſarii Electorales, Herr Sekretär Graf, und 1. Kanzelliſt. Dieſe wurden von erſtern geziemend ad portam empfangen, wie auch vom Hr. Prälaten, und Dekan nebſt den Hr. Officialen von Intersdorf, jedoch ohne weitere Zeremoniel, oder mit Beyrufe der übrigen Konventualen.

Am 30. Aug. beſichtigten die Hrren Commiſſarii unter Begleitung der Hrn. Stiftsdekan, und Manſini das Bräuhaus, den ganzen Bauhof, das Vieh (ſchon geſtern Abends war der Befehl, alles Viehe als den heutigen Tage in der Frühe zu Hauſe zu behalten) item das untere, und obere Refektorium.

Eben heute in der Frühe geſchahe die Beſchreibung aller Zimmer in Clauſura, aller Oefen, wie ſelbe ein oder zwey Zimmer zugleich heizen — Man will zuverläßig wiſſen, die

die Salesianerinnen von München sollen hievon den Genuß ziehen. (*)

Nachmittag besichtigten die Herren Commissarii unter erst erwähnter Begleitschaft die
inneren Schätze des Klosters; Sakristey;
Ornat: Geräthschaften an Silber, und
Gold — Endlich bekam zur Oekonomie die
Schlüssel mit allen Gewalt Hr. Joh. Nep.
Roser: die Hrn. Administratores waren mit
ihm konfirmirt Hr. Stiftsdekan, und Mansini.

Am 31. Aug. reiseten die Herren Commissarii wieder von Intersdorf ab — Die Hrn.
Canonici Monacenses, Hr. Prälat von Intersdorf, wie bey Empfang, begleiteten sie
abermal in den Wagen.

Gleich nach Abreise der Herren Kommissarien reisete Hr. Stiftsdekan nacher Adels-
hausen, eine Visite bey Tit. Hr. Graf von
Morabizgi abzustatten. (**)

Hr. Mansini machte ebenfalls eine Spa-
zierfahrt nacher Altomünster, wohin er öfters schon eingeladen worden seyn sollte, setzte
allda die Klostergebäude in Zittern, und reisete Abens wieder nacher Intersdorf.   Am

(*) Diese vertreiben schon einmal die Intersdorfer
aus ihrer Wohnung und baueten eben dahin ihr
Kloster, wo das Intersdorfische Pfleghaus mit
der St. Annakapelle ruhete.

(**) Gewiß ein reicher Stof zum Lobesspruch nach
dessen Tode, wenn man sagen kann, dieser habe mit
Fürsten, und Grafen grose und namhafte Visiten
gemacht, wie er sich in seinem Leben immer rühmte.

Am 1. Sept. in der Frühe um 3. Viertel auf 9. Uhr kam Hr. Stiftsdekan wieder naßcher Intersdorf, und

Den 2. Sept. Nachmittag um 3. Viertel auf 2. Uhr reisete selber mit Hr. Mansim naßcher München: bey vollkommener Bereitschaft zur Abreise kam Tit. Hr. Graf von Spreti von Weilbach (doch nicht als ein Bevollmächtigter, denn er konnte, und wollte nichts aufweißen.) Nach schleunigen Zeremoniel, und Abßschiedskomplimenten verlangte Hr. Graf in die Klausur eingeführt zu werden; Hr. Präßlat, und Dekan begleiteten Hochselben, welßcher alle Zimmer des Klosters mit vielbedeußrender Mine notirte, alles in Absicht der Saßlesiynerinnen von München, die die Interßdorfischen Geistlichen mehrmal vertreiben sollten. (*)

Um 4. Uhr gieng Hr. Graf wieder mit seißnen Bedienten nacher Weilbach.

Hiemit hatte die erste Kommißion ein Enßde. Die Churfürstl. Herren Commißarii liefßsen sich 384. fl. 18. kr. vom Kloster zahlen: die zween Päbstlichen wurden vom Hr. Stiftsßdechant unser lieben Frauen Effner bezahlt, wie theuer! weiß ich nicht. Nun folgt kürzßlich die

D   Penß

(*) Könnten dann nicht beyde einmal zusammgegeßßben werden, nach dem löbl. Rath eines aufßzußhebenden Cœlibats?

Penſionsgeſchichte.

Dieſe Sache wurde ein ganzes Monat lang nämlich vom 3. Septbr. bis 3. Oktober 1783. in München überlegt, von Zeit zu Zeit Seiner Churfürſtl. Durchlaucht in geheimen Rathskonferenzen referirt, und endlich am 3. Oktober konkludirt, ratificirt, und nach Vorſchrift der päbſtlichen Bulla die Penſio Congrua, wie hienach folgt, ausgeworfen, und feſtgeſetzt. —

Lyſta Penſionum.

Tit. Herr Prälat Joh. Babt. nebſt freyer Wohnung in Intersdorfiſchen Pfleghaus zu München mit der Würde eines Probſtes von Intersdorf, und Oberpfarrers jährlich in Quatember. Ratis. fl. 1200.

Tit. Hr. reſignirte Prälat Aquilin. - 800.

Tit. Hr. Dekan Udalrikus Wagner, als dekredierter Geiſtl. Rath zu München, und Direktor des neuen Prieſterhauſes zu Intersdorf - - - 600.

Hr Dominikus Laufbueber, Expoſitus in Pipinsried nebſt pfärrl. Stollgefäll, doch ohne Oekonomie - - - 500.

Hr Leonardus Blab, Expoſitus in Pötnbach, wie erſterer - - 500.

Hr Joh. Nep Roſer, Granarius, Cellerarius, ſylvarum Cuſtos als aufgeſtellter Adminiſtrator - - - 500.

Hr. Otto Platl, ehemaliger Dekan - 400.

Hr. Joſephus Widmann, Culinarius 400.

Benno Sauer, Vicarius in Glon, Cuſtos Refectorii - - - 350.

Aquilinus Holzinger, Profeſſor Theologiæ moralis, & hiſtoricus Monachii - 400.

Augu-

Augustinus Seibl, Vicarius in Ecclesia Collegiali Undensi, & in Pago, N. in Betref der Stolle ward - - - 350.
Dieser der Discretion des Hr. Direktor angewiesen.
Sebastian Kellerer Choriregens - 350.
Julius Obernborfer Profeffor Supremæ Gramat. Ingolstadii - - - 400.
Ambrosius Mindl, Professor domesticus, Bibliothecarius, & Custos Armarii Philosophici - - - 350.
Hieronimus Schleich, Vicarius in Strasbach, & Ottmarshard, Custos sacristiæ, & vestiarius - - - 350.
Korbinianus Wernle - - 350.
Ignatius Widmann, expositus in Pötnbach. 350.
Maximilianus Gerbel - - 350.
Karolus Seel - - - 350.
Ludovikus Müller - - - 350.

Fratres Clerici.

Pius Mauser - - - 300.
Martinus Klening - - - 300.
Stephanus Obermayer - - 300.
Laurentius Lethner - - - 300.
Frater Laicus Nikolaus Neumayer Pharmacop mit dem onere Dienste in Intersdorf 400
als Apotheker zu machen ꝛc. in Rücksicht seines ins Kloster eingebrachten Patrimonii &c.
Es beläuft sich also sämmtlicher Pensions-Status jährl. ad - - - fl. 10800.
Laurentius Lethner verstarb in der Zwischenzeit in väterlichem Hause zu Pfaffenhofen um die Faßnachtzeit 1784 Die. 12. Januari.
Von einer Geistl. Rathskommission geschah die Anweisung zu in Quatember. Ratis gegen Schein die Pensionen zu erhoblen, welcher die Total Summam vom Hr. Administrator 14. Tage allemal vorhin erheben.

D 2   Diese

Diefe Penſionen wurden nicht alleine über-
haupt fürs gánze Konvent, ſondern einem je-
den beſonders mittels Churfürſtlicher auf
Sigelpapier unter landesherrlichen Signe-
tern ausgeſtelter Dekreter zugeſichert, wie
hier ein Exemplar das Mehrere veroffenbart.

Copia Penſionis Decreti.

Dem Herrn NN. iſt vermög eines unterm
3. Oktober abhin herabgedlehen ſpecial
gnádigſten Dekrets eine Lebenslángliche
Penſion von jáhrl 350. fl., welche beym
Vorſteher des Intersdorfer Prieſterhauſes
in quatemberlichen Ratis gegen Schein jedes-
mals abzuhohlen iſt, dergeſtalt verwilligt
worden; daß für dieſe, und alle übrige Penſionen auf die Stifts Intersdorfiſche Güter
ohne Ausnahm die erſte Hypothek für allzeit
vorbehalten ſeyn; ermeldter Herr N. aber
dieſe im Intersdorfer Prieſterhauſe bis zu al-
lenfallig weitern Beſtimmung, und Anord-
nung verzehren, zu allen geiſtlichen Verrichtungen allda ſich gebrauchen laſſen, und dem
Vorſteher erſagten Prieſterhauſes unterwür-
fig ſeyn ſolle. Erſagter Herr weiß ſich alſo ge-
horſamſt hienach zu achten.

Sign München den ꝛc. 1783. Churfürſtliche geiſtliche Kanzley

Hæfelin Vice Præſidénş
Franz Xaveri Graf Con-
ſil, & Secret.

Si

So waren alle auch höhere Pensionen mit
höchster Hoheit des Churfürstlichen Signe-
tes versichert. Die erste Hypothek; ein le-
benslänglicher Gehalt. Allein Lieber Leser
Geduld! bald folgen —

Neue Auftritte.

Nachdem vor einer zweyten Churfürstlichen
Kommission, welche abermal 124. fl.
31. kr. am baaren Geld kostete, ein jeder
Chorherr sein Pensionsdekret besonders aus
den Händen der Herrn Kommissarier erhalten; nachdem der abgekommene Herr Prälat
für sich und sein abgetackeltes Konvent der
Pension halber seine Danksagung abgestat-
tet, und indem die Herrn Commissarii Rummel, und Steigenberger glaubten, nun habe
alles seine zuverläßige Richtigkeit; arbeiteten
die Chorherrn unser lieben Fraue in München an einen neuen Plan; ich will es kurz
machen: —
Herr von Häffelin ein Herr, der die Ge-
rechtigkeit liebt, ist in geheimen Konverenzen
in Betref der geistlichen Sachen bey Seiner
Churfürstlichen Durchlaucht geheimer Propo-
nent, und Vice præsident im Geistlichen Ra-
the; dieser mußte nun dem Frauenstifte gewonnen werden. Wie nun aber? Man macht
ihn zum Vice Probst des oft erwähnten Chor-
stifts in München. — Soll ichs weiter erzeh-
len, wie es von Tag zu Tag zugegangen sey,
bis

bis den 10. Märzens des laufenden 1784.
Jahrs die Churfürstlich dekretierten Herrn
Pensionarii expensioniert und zu armen Meß-
fischern herunter gesetzt worden sind? Hier
ist die

Letzte Urkunde.

Copia eines zu Intersdorf verrufenen und
allen Canonicis von Intersdorf schriftlich zugetheilten Dekrets.

Was von der höchsten Stelle unterm 10ten
Currentis wegen Versetzung der Intersdorfer Geistlichen, so andern, für ein gnädig-
stes Dekret, an den Churfürstlichen wirklichen
Geheimen Rath, und geistlichen Rathsprä-
sidenten Reichsgrafen von Spaur als specia-
liter gnädigst ernannten Commissarium er-
lassen worden, zeigt anliegende Abschrift mit
mehrern. Welche dem Herrn NN. mit dem
Beysatz zur Nachricht, und der darnachach-
tungswillen kommuniciert wird, daß sich selber mit seinen Geräthschaften zur Ueberse-
tzung in das alte Priesterhaus nacher Altenötting bereit halten solle.

Actum Intersdorf den 30. März 1784.
Churfürstliche ex commissione speciali gnädigst bestellte Kommission.

Franz Michl Schmid Churfl.
Geistl Raths-Registrator
als Actuarius.

Bey-

Beylage.

Serenissimus Elector.

Auf wiederholt dringende Vorstellung ih=
rer Durchlaucht der verwittibten Frau
Churfürstinn wird dem Churfürstlichen wirk=
lichen geheimen Rath und Geistlichen Raths=
kollegium Präsidenten Grafen von Spaur
nachdrucksamst aufgetragen, ohne weitere
Ruckfrage, in Zeit 14. Tägen die Inters=
dorfer Klostergebäude raumen zu lassen, das
zur Besorgung der Pfarreyen, und Gottes=
dienste erforderliche Personale nach eigenen
Gutbefinden sogleich anzustellen, und die üb=
rigen Klostergeistlichen, ohne davon den **Ex-**
Prælaten oder den resignierten alten Präla=
ten Aquilin auszunehmen, in das alte Prie=
sterhaus nach Altenötingen einsweilen zu
versetzen, wo nächst freyer Wohnung, Kost,
Trunk, Holz und Licht denn **Ex - Prælaten**
300. fl. jährlich, dem resignierten Prälaten,
nebst Bedienung, und Verpflegung in seinen
kränklichen Umständen 150. fl. und einem je=
den der andern Klostergeistlichen 75. fl. für
Kleidung, nebst wochentlichen 2. Freymessen,
gegen die Obliegenheit anzuweisen sind, daß
sie die übrigen 5. heilige Messen für den Nu=
tzen des Priesterhauses zu lesen gehalten seyn
sollen. Zugleich hat Tit. Graf von Spaur
den Intersdorfer Geistlichen zu eröffnen, daß
ihnen unbenommen sey, sich nach Rom zu

wen=

wenden, um die Auflösung ihrer Ordensge-
lübde bey Seiner Päbstlichen Heiligkeit aus-
zuwirken, und nach erhaltener Auflösung hätten sie im gedachten alten Priesterhause zu
Altenöting solange zu verbleiben, bis sie durch
Erhaltung eines Beneficiums anderwärtig
versorgt, oder bey einem Erledigungsfalle in
dem Intersdorfer Priesterhause angestellt
werden könnten. Sollte aber Seine Päbstliche Heiligkeit die nachgesuchte Dispensation
nicht ertheilen, so wäre die gnädigste Weisung
vom 24. Decembris 1783. in genauen Vollzug zu bringen.

München den 10. März 1784.

Karl Theodor Churfürst.

Kreutmayer vidit.

ad Mandatum Serenissimi

Nemmer.

Beleuchtung
dieser letzten Urkunde.

Der Leser im Auslande wird darüber stutzen,
daß im letzten Dekret dato 10. März eine Meldung von ihrer Durchlaucht der verwittibten Frau Churfürstinn, vom Herrn
Graf Spaur und von einer Specialkommiss-
ion, auch von einer Weisung vom 24. December 1783. vorkömmt.

Und

Und da diene ich aufs erste: die Frau
Churfürstinn hat in München ein Damenstift
errichtet. Die neuen Stiftsdamen sehnten
sich in die Wohnungen des Salesianer Jung-
frauenklosters; wenn nun die Salesianerinnen Chorfrauen zu Intersdorf werden, so
kann es den Stiftsdamen nicht fehlen.

Aufs zweyte kann ich dienen, daß sich die
zween ersten Commissarii Herr von Rummel,
und Steigenberger abgefordert haben, und
von Intersdorf nichts mehr wissen wollen.

Aufs dritte muß ich item dienen, daß man
schon am 24. December 1783. den Antrag
machte, die Herren Pensionairs in andere
Klöster des Landes zu verstecken. Ich habe alle
Urkunden, und Verhandlungen bey Handen,
allein ich achte, das Publikum müsse eben
nicht alles wissen, was zu R. und M. geschieht.
Uebrigens betrachtet der Leser die Möglich-
keit der Dinge, so wird er nimmer wundern.
Mit Intersdorf geschahs, mit Fürstenfeld-
bruk, mit Kaisersheim, mit Tegernsee, und
mit 20. 30 40. andern Klöstern ists möglich;
und wenn sie nicht anfangen mittels besserer
Schul- Erziehung- und Armenanstalten dem
Staate gemeinnützlicher zu werden, so stehe
ich dafür Bürge, es müsse bald wirklich so,
so werden. Ich kenne Leute, die ihre Maye-
reyen, ihre Lusthöfe, ihre Gärten, Groten,
Springbrunnen, Treibhäuser, und Orange-
rien, ihre Bildergallerien, Kutschen, Schwim-

D 5   mer,

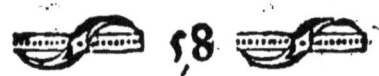

mer, und Pferde, alle Tafeln ihrer Fenſter ge-
zehlt haben, und ſprechen; was gehört
Mönchen der Pump, Pamp, Pomp?

Die Folgen dieſer Kloſtervertilgung.

Ob ſie dem Chorherrnſtifte in München Ka-
rolinnen einbringen werde; ich bin kein
Prophet, das weiß ich nicht: Der Herr, ohne
deſſen Vorwiſſen kein Haar von des Menſchen Haupte fällt, hat alle Chorherren ge-
zählt; er kennt ſie alle, regulirt, und nicht regulirt; er wird ſie alle richten; dieſe, wenn ſie
ihre Präbenden auf Luxus verwenden, und jene, wenn ſie ihr hartes Schickſal nicht ſtand-
haftig übertragen. Richtig iſt die Folge, jetzt
zehlt Bayern 25. unterdruckte, arme, unregu-
lirte Geiſtliche mehrer als vor 1. 1/2. Jahre.
25. Meßprieſter mehr als feruten, und ein
Denkmahl der Wittelsbachiſchen Chriſtmild-
thätigkeit weniger. Mehr Unglückliche, und
nicht um einen Kopf mehr Glückſeligere. Bey-
nebens iſt jetzt auch ein Franciskanerkloſter
armſeliger als vor Oſtern; denn ſeit dem 18.
April ſind die Meß-Stipendia den Ex-In-
tersdorfern angewieſen, und den RR. Patri-
bus entzogen. Und wie lange kann der Wei-
land Kaſuitiſche Triplex fructus noch in ſei-
nem Eſſe bleiben? Die Oeſtreichiſchen Pie-
ſen wider die Lohnmeſſen finden ja auch in
Bayern gemach, gemächlichen Beyfall; und
dann können die Ex-Intersdorfer den Ka-
puzinerſack anhenken.   O

O ihr meine lieben Freunde! wer hätte es
geglaubt? Wer soll es glauben, was meine
Urkunden sagen? Hat man jemal mehr Ur=
sache gehabt aufzurufen, Eitelkeit, Eitelkeit,
und alles ist Eitelkeit! wo ist nun der Stolz
eurer Schwannenpferde mit hohlen Bäuchen,
und englischen Knochen? Wem paradieren
sie? Eure Schafheerden tragen spanische
Wolle, und nicht mehr für euch. Eure Grund=
stücker, und Wiesen fliessen von Milch, und
Hönig, und nicht mehr für euch. Der Käß
und Butter eurer Rinder, das Fett eurer
Mastthiere wird Fremden aufs Brod gestri=
chen. Eure Waldungen bringen ihre Mast=
bäume auf die Schiffe eurer Unterdrücker.
Eure Knechte, eure Mägde, eure Amtleute,
und Konventdiener drückt die Bulle nicht; das
harte Dekret, die letzte Urkunde nicht. Sie,
sie haben eine bleibende Stätte, eure Knechte;
wer hätte es geglaubt, und ihr Priester, Ge=
salbte, Unverschuldete mußt Intersdorf rau=
men. Raumen, sagt die Urkunde; ohne wei=
tere Ruckfrage in Zeit 14. Tagen die Klo=
stergebäude raumen. Waret ihr dann Un=
rath im Hause, das sich Gott verlobet hatte?
Raumen sagt man sonst, wenn man den Un=
rath auf die Seite wirft; und es wird aufge=
raumt. Wer hätte es geglaubt? Das Frauen=
stift raumt auf. Hier werden Priester von
Priestern, Regulierte von Unregulierten weg=
geraumt. Noch dazu muß es schnell geschehen;

ohne

ohne Ruckfrage, binnen 14. Tägen muß das
Kloster geraumt seyn. Nun so ziehet dann
hin, und raumet, saget es aber euern übrigen
Ordens-und andern Klosterbrüdern in Bayern. Wir leben die Zeiten aller Möglichkei-
ten. Und nichts ist unveränderlich, als der
Unveränderliche; und ich erinnere euch noch
einmal: denn ihr habt Ursache zu Altenötting
ans alte Priesterhaus hinzuschreiben: Ei-
tel Eitelkeit, und alles war Eitelkeit! Ich
habe die schönen 18 Kupferstiche eures Klosters, eurer Kirche, eurer alten Denkmäler,
eurer berühmten Männer, eurer Bibliothek,
eurer Statuen auf Brünnen, eure Prospekte,
und eure frommen Stifter in Folio vor Augen. Erst zwey und zwanzig Jahre ist es, als
euer Prälat Gelasius Morhard ein gebohr-
ner Augsburger diese Dinge alle auch sammt
euerm Refectorio in Kupfer stechen ließ. Erst
5. Jahre ist es, als ihr eine Bierschenke auf-
richten wolltet, und zu dem Ende ein Bräuhaus um 15000. fl. aufbauetet. Freylich kam
auch auf diese Art euer Geld unter die Leute,
aber nicht unentgeldlich als Allmosen unter
die Armen. Nicht Eitelkeit würde es seyn,
wenn ihr mit Tausenden der schmachtenden
Landesarmuth bergesteuert hättet. Allein es
ist nun also. Eitelkeit wars. Hart muß es euch
aber fallen, daß man euch auf die beurkunde-
te Weise schnell zu armen Meßpriestern macht,
Buchdruckergesellen nach euerm wöchentlichen
Gehal-

Gehalte gleich. Denn was ist ein Thaler
wochentlich für Priester, die sich der Welt
durch Bücher, Briefwechsel, und freund-
schäftliche Besuche gerne nützlich machen
wollten? 1. fl. 30. kr. brauche ich wochentlich
für klein und groß Montur, für Taback, und
Bothengeld. Ich sehe euch demnach in die
traurige Nothwendigkeit gesetzt, an kein
Buch, an keine gelehrte Reise, und Besuch,
an keine gelehrte Zeitung mehr zu denken; in
die Nothwendigkeit gesetzt, simple Meßprie-
ster, und Faulenzer zu werden. Hier überfällt
mich Schauer, und mein Herz schlägt vor
Traurigkeit, und Mitleide für euch. Es sind
unter euch gute Köpfe, edle Herzen; die ich in
der Gnadenkapelle zu Altenötting das be-
rühmte Muttergottesbild täglich mit beschäm-
ten Augen anweinen sehe. Hier fällt mir allemal das Frauenstift in München, eure Erb-
nehmerinn ein. Und was soll ich denken? Soll
ich zürnen, oder euch mitweinen helfen? Allein
ich denke, was nützt euch mein Mitweinen?
Ich will euch vielmehr zum Nutzen anderer
eurer Mitbrüder, die in Prälaturen noch Pa-
läste, Keller, Lusthöfe, Schenkstuben, Statu-
en, und Gärten bauen, und noch nicht gelernt haben, sich der Jugend durch Schulen,
und den Wittwen durch reiche Allmosen ge-
meinnützlich zu machen; ich will euch aufmun-
tern, liebste Brüder, indem ich euch euers vo-
rigen Wohlstandes erinnere; ich will zu euch
sagen:

sagen; freylich ein hartes Wort — aber ich
muß es sagen: Weinet, weinet den Gnaden-
altar mit Thränengüſſen an; aber bittet zugleich für alle reiche Prälaturen, daß Gott
ihren Prälaten durch euern Fall die Augen
eröffne, daß ſie aufhören vor der Welt groß
zu thun, große Herrn zu ſpendieren, koſtbare
Gebäude aufzuführen, Luſtorte zu beſuchen,
der Armuth die Hand zu verſchließen, daß
ſie anfangen, den Geiſt der alten H. Mönche
auf die Herzen ihrer Söhne zurückzuführen.
Gott, der die Liebe iſt, und alle ſeine Werke
Liebe, Gott läßt über ſeine Kinder kein Unglück kommen, als allein in der Abſicht eines
beſſern Gutes. Gereicht nun eure Unterdruckung dem Chorſtifte zu München nicht zu
einem beſſern Gute, ſo ſoll ſie euern Mitbrü-
dern in allen übrigen Klöſtern dazu gereichen.
Das wird die beſte Folge ſeyn. Ihr möget
nun weinen, wenn ſich nur andere beſſern.
Hundert Klöſter gebeſſert, ſind ja 50. naſſe
Augen werth. Lebt doch der Tröſter noch,
der die Thränen wegwiſchet, und der unterdrückten Unſchuld ſeine Kronen aufſetzen
wird.

Auflöſung eines Zweifels.

Der Leſer im Auslande möchte ſich durch
das Ehrenwort — Prieſterhaus —
irre machen laſſen; und denken, — So iſt
dann Intersdorf ein Prieſterhaus, Altenöting

ting ein Priesterhaus. In Priesterhäusern
muß es aber doch auch regelmäßig zugehen.
Allein wer so denkt, der ist angeführt. Diese
zwey Häuser sind nicht mehr, und nicht weni=
ger als Wohnungen verunglückter, und un=
glücklicher Priester. Wie könnten sie etwas
anders seyn. Intersdorf ist ein grosses Haus,
ein schönes, ja freylich: aber das Frauenstift
in München zieht die Revenüen. Zu Altenö=
ting, sind alte, und junge Priester, die entwe=
der zur Seelsorge und zum Predigen zu
dumm, oder ausgearbeitete Kapläne sind,
denen das Glück keine Accommodation ge=
gönnet hatte. Diese Zahl der Unglücklichen
wird nun durch die abgewürdigten expensio=
nirten Intersdorfer Chorherren um zwey
Drittheile vermehrt. Ich sage es halt noch=
mal: — Weinet, Brüder, weinet, liebe Prie=
ster, und bleibet der verunglückten Mönch=
Spiegel andern zum Exempel.

Nachtrag.

Nachdem ich die Urkunden schon zum Dru=
cke gegeben hatte, bekam ich allerley neue
Nachrichten; man ändert stets wieder ab,
was man schon einmal festgesetzt, und zwey,
dreymal abgeändert hat. Vom unterdruckten
Kloster will noch mancher eine Suppe für sich
herabsieden, da inzwischen die abgewürdig=
ten Chorherrn noch nicht wissen, wie sie
daran sind mit Kost, Trunk, Kleidung, und
. ihre

ihre geringe Pension kümmerlich nach vielen Laufen, und Supplicieren erbetheln; obgleich der Churfürst die Chorherrn als unschuldig, und die dem Pabsten vorgeschriebenen zwey Motiva als falsch erklärt hat, mit melden: man solle die gedruckte Unschuld mensch-lich behandeln. Ich meines Orts denke für mich: — Wenn das Klosteraufheben nicht anders durch L. L. L. geschehen kann, soll man das Ding gar bleiben lassen.